Chris

Petit cahier d'exercices pour sortir du jeu victime, bourreau, sauveur

Illustrations : Jean Augagneur

jouVence
EDITIONS

Du même auteur aux éditions Jouvence :

Petit cahier d'exercices pour mieux s'organiser et vivre sans stress, à paraître en 2014

Victime, bourreau ou sauveur : comment sortir du piège ?, 2011

Savoir écouter, ça s'apprend !, 2008

Apprenez à écouter, 2006

Réussir son couple, 2005

Les clés de l'harmonie familiale, 2004

Scénario de vie gagnant, 2003

Émotions, mode d'emploi, 2003

S'affirmer et oser dire non, 2003

Bien communiquer avec son enfant, 2003

Du même auteur aux éditions Trédaniel :

Enfants de manipulateurs : comment les protéger ?, 2013

Divorcer d'un Manipulateur, 2012

Je pense trop : comment canaliser ce mental envahissant, 2010

Échapper aux manipulateurs : les solutions existent !, 2007

Catalogue gratuit sur simple demande

ÉDITIONS JOUVENCE
France : BP 90107 — 74161 Saint-Julien-en-Genevois Cedex
Suisse : Route de Florissant 97 - 1206 Genève
Mail : info@editions-jouvence.com

© Éditions Jouvence, 2014
ISBN : 978-2-88911-542-6
Couverture: Éditions Jouvence
Mise en page: Stéphanie Roze
Dessins de couverture et intérieurs: Jean Augagneur

Tous droits de traduction, adaptation et reproduction réservés pour tous pays.

Les jeux psychologiques

La notion de « jeu psychologique » a été élaborée par Éric Berne, le psychiatre fondateur de l'Analyse transactionnelle. En observant les relations humaines, ou plus précisément ce qu'il a appelé des « transactions » entre humains, Éric Berne a eu l'intuition que certains échanges, surtout les échanges négatifs, étaient codifiés, répétitifs et nous enfermaient dans des jeux de rôles. En observant plusieurs situations, comme celle de l'alcoolique et de son entourage, Éric Berne a tenté de cerner les différents acteurs et leur rôle : la poire, le pourvoyeur... Mais c'est à Stephen Karpman que nous devons le concept du « triangle dramatique ». C'est lui qui a finalisé le modèle amorcé par Éric Berne en synthétisant les échanges entre participants lors des jeux psychologiques en trois grands rôles : la victime, le bourreau et le sauveteur.

La dénomination de **jeux psychologiques** est utilisée pour plusieurs raisons :

↗ La première raison, ce sont justement **ces rôles** que les participants se distribuent et jouent avec emphase.

↗ La deuxième est **l'aspect codifié et répétitif des échanges** : si l'on enregistrait nos disputes

3

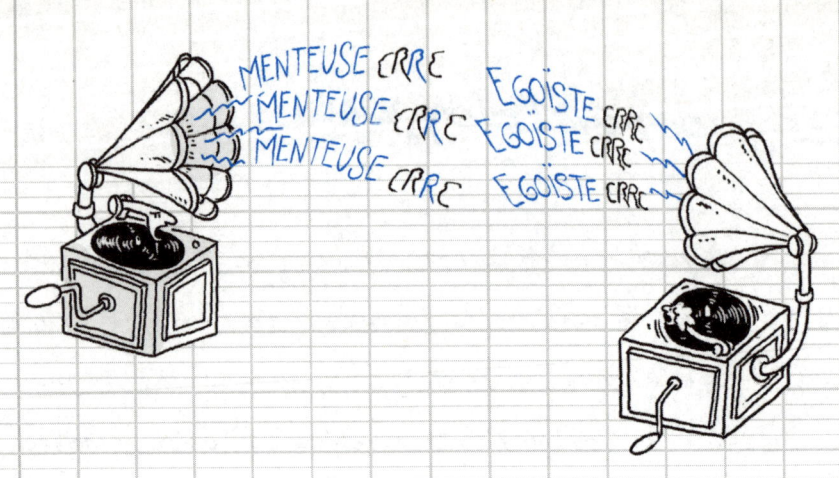

récurrentes, on se rendrait compte que leurs dialogues (ou monologues !) sont quasiment identiques à chaque fois, du début de la dispute à sa conclusion. Le dictaphone pourrait finir la dispute à notre place.

↗ Enfin, **l'Analyse transactionnelle** a disséqué le déroulement de ces échanges négatifs en repérant une amorce à la dispute, comme un lancer de dés, une progression dans les échanges verbaux, comme si nous déplacions nos pions sur un jeu de l'oie, et une conclusion en forme de coup de théâtre qui clôture le jeu.

Les relations à base de jeux psychologiques sont négatives, usantes, énergétivores et toxiques.
Ce petit cahier d'exercices vous permettra de connaître, de comprendre, de déjouer, de désamorcer ces jeux et surtout d'éviter d'en lancer... donc d'assainir vos relations.

Le triangle dramatique

Est un jeu psychologique qui combine :

↗ un jeu de rôle ;

↗ un jeu des chaises musicales ;

↗ un jeu de tirs aux buts ;

↗ et des essais transformés, comme au rugby.

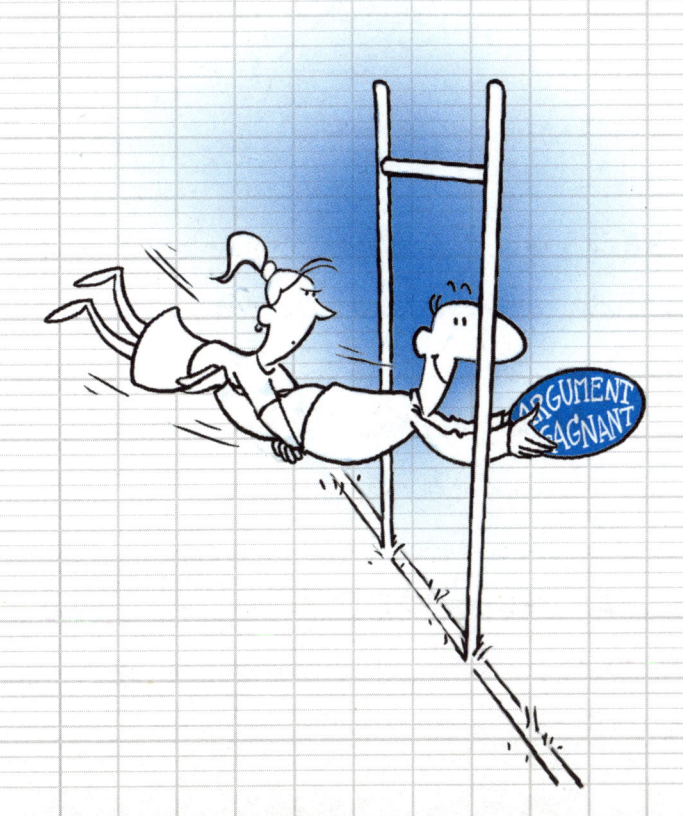

Le jeu de rôle

La première caractéristique des jeux psychologiques est la distribution de ces trois rôles complémentaires :

Le triangle dramatique de S. Karpman

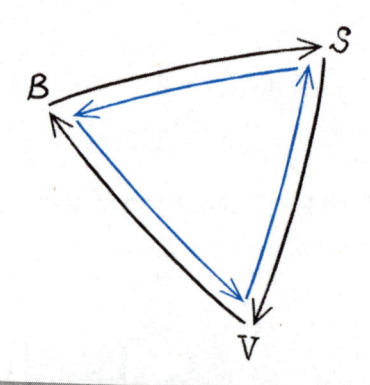

Nous avons tous notre rôle préféré pour entrer dans le jeu, cependant nous pouvons jouer les trois rôles.

Le rôle de Victime : la victime est plaintive, voire pleurnicharde, malheureuse et passive. Elle se prétend pure, innocente et impuissante. Souvent poursuivie par des catastrophes, elle est de surcroît gaffeuse et si énervante qu'on ne peut s'empêcher de la remettre à sa place.

N.B. : vous remarquerez que « la victime » n'existe pas au masculin. Pourtant, les hommes savent aussi bien que les femmes se poser en victimes !

↗ **Le rôle du Bourreau** : le bourreau est sévère, critique, cassant et dévalorisant. Ses propos sont définitifs et sans appel. Il fait peur et on hésite à le contrarier. Dans certains cas, il peut aller jusqu'à être méchant ou cruel, menaçant, crier et même frapper.

↗ **Le Persécuteur** : version « light » du bourreau, le persécuteur est un harceleur plus quotidien et plus sournois. Il dénigre, refuse de valider, exporte son insatisfaction chronique... Bref, il pratique le supplice de la goutte d'eau au lieu du coup de marteau.

N.B. : vous remarquerez que « le bourreau » n'existe pas au féminin. Pourtant, les femmes savent aussi bien persécuter que les hommes !

↗ **Le rôle de Sauveteur** : le sauveteur est un bourreau de travail. Il est toujours prêt à défendre les opprimés et les causes perdues. Il se dit fort, équilibré et altruiste. Son côté protecteur est infantilisant. Son aide se révèle souvent inadéquate. Il crée des dettes morales pour retenir les gens.

Il est important de souligner que ces rôles ont été autrefois une réponse adaptée à une situation réelle. Le Persécuteur a réellement été frustré par son entourage, le Sauveteur obligé d'en faire beaucoup pour obtenir de maigres signes d'attention, et la Victime a réellement vécu des situations dramatiques et douloureuses.

Cependant, l'usage exagéré qu'ils font de ces comportements est bien souvent devenu inadéquat et manipulateur.

> Le sauveteur serait bien du genre à sortir les poissons de l'eau pour leur permettre de respirer !

Le jeu des chaises musicales vient se combiner au jeu de rôle.

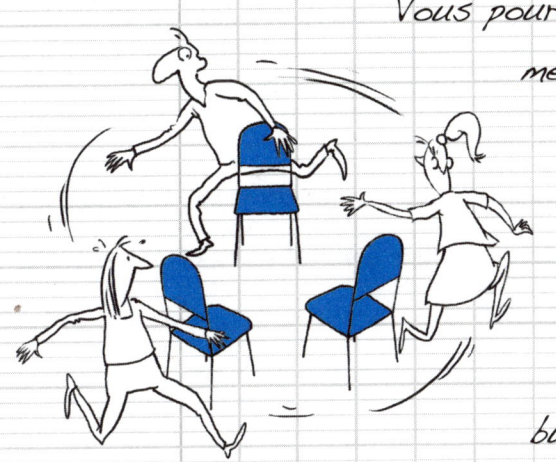

Vous pourrez remarquer que le fonctionnement de notre société est construit sur ce triangle dramatique.

En voici quelques exemples :

↗ Dans le rôle de victime, vous retrouverez le citoyen-contribuable, dans le rôle du bourreau, la police et le fisc, et dans le rôle du sauveteur, l'infirmière ou le pompier.

↗ Le pauvre chômeur (victime) licencié par la vilaine entreprise (bourreau) va s'adresser à Pôle emploi (sauveteur) pour retrouver un travail.

↗ La gentille ONU (sauveteur) doit défendre le pays attaqué (victime) du pays agresseur (bourreau).

Mais pour défendre le pays victime, l'ONU sauveteur doit devenir le bourreau du pays bourreau qui devient alors la victime du sauveteur.

Lorsque le pauvre chômeur victime s'adresse à Pôle emploi, il va être confronté à un bourreau qui lui demande de rechercher activement du travail sous peine de perdre ses allocations. Pôle emploi va parallèlement avoir le sentiment de se heurter à un chômeur gaffeur et énervant qui n'y met pas du sien. Sauveteur mis en échec, Pôle emploi sera aussi en droit de se sentir persécuté.

C'est ainsi que le jeu de rôle se complique en devenant un jeu de chaises musicales : quand on entre dans le triangle, on ne peut que tourner en rond dedans en se faisant voler sa place.

Alors pourquoi y joue-t-on ?

↗ **Chaque rôle comporte des bénéfices secondaires :**
Le rôle de victime procure l'impunité, c'est-à-dire la possibilité de ne pas répondre de ses actes.

Quand on est victime, on est 100 % pur et innocent. Jacques Salomé y ajoute un bénéfice supplémentaire : le plaisir érotique que l'on aurait à se plaindre, à gémir et à se croire réduit à l'impuissance.

Le rôle de bourreau donne une illusion de pouvoir et permet d'évacuer ses frustrations sur plus faible que soi. En consultation, un jeune homme m'a raconté l'anecdote suivante : il croyait être un bourreau des coeurs et s'était permis de dire à sa nouvelle conquête : « Ne t'attache pas à moi, Poupée, tu vas souffrir ! » À sa grande déconvenue, sa nouvelle amie éclata de rire et rétorqua : « Mais quel prétentieux tu es de croire que tu as le pouvoir de me faire souffrir ! »

==Eh oui, sans victime consentante, plus de bourreau !==

Le rôle de sauveteur nourrit l'ego et permet de se croire plus solide et plus équilibré que l'on ne l'est réellement en s'entourant de faibles victimes. Ce rôle permet aussi de fuir ses propres problèmes en s'occupant de ceux des autres. Les sauveteurs ont souvent été parentifiés dans leur enfance et chargés trop tôt de trop lourdes responsabilités.

↗ **Le triangle dramatique est aussi et surtout le triangle de l'immaturité.**
Ces rôles sont les rôles exagérés et pervertis des situations de l'enfance.

Le rôle de Victime reprend tous les aspects négatifs d'un enfant soumis et adapté à son environnement parental, qui cherche à satisfaire l'adulte et à se faire prendre en charge.

Le rôle de Bourreau représente les aspects négatifs d'un parent autoritaire qui critique, gronde et persécute.
Le rôle de Sauveteur est une synthèse de tous les aspects négatifs d'un parent nourricier. Il infantilise, étouffe et crée une dépendance.

==Dans le jeu du triangle dramatique, il n'y a pas de place pour une attitude d'adulte :==

==seuls les gens se comportant comme des parents ou des enfants sont impliqués.==

Un jeu de tirs aux buts et des transformations d'essais, comme au rugby !

Pour la victime, le mot « responsabilité » est un gros mot. Il est hors de question que cette notion s'applique à son cas. Une victime ne peut avoir aucune responsabilité dans son malheur ! C'est pourquoi, devant toute personne qui insinuerait qu'elle n'est pas aussi innocente qu'elle le paraît, la victime indignée niera farouchement sa responsabilité !

" Ce n'est pas de ma faute ! "

L'enjeu principal du triangle dramatique est un gros ballon : **LA RESPONSABILITÉ**

C'est ainsi que la victime se transforme en gardien de but. Si vous essayez de lui envoyer le ballon « responsabilité », elle va vigoureusement shooter dedans pour l'expédier le plus loin possible de sa cage aux buts. L'objectif est également de refourguer ce maudit ballon à l'envoyeur. Vous êtes un sacré bourreau d'oser l'accuser d'y être pour quelque chose ! N'avez-vous donc pas de cœur ? Ou alors, vous êtes un piètre sauveur ! Tout est à cause de vous !

Le bourreau et le sauveteur, dans leur illusion de puissance, sont preneurs du ballon « responsabilité ». Mais ils oublient un élément essentiel :

*La responsabilité est indissociable du pouvoir d'agir.
Je ne peux être responsable que de ce sur quoi j'ai un pouvoir d'action direct !*

L'essai est transformé dès que la victime a réussi à refiler son ballon. La responsabilité se transforme en culpabilité dès qu'elle est dans les mains du sauveteur ou dans celles du bourreau. Culpabilité d'être un si mauvais sauveteur dans le premier cas, culpabilité de persécuter un innocent dans l'autre. Dans les deux cas, sauveteur et bourreau oublient un élément essentiel : ils n'ont pas le pouvoir !
La culpabilité est un transfert de responsabilité **sans le pouvoir d'agir**.

**Seule solution :
découper le ballon et redistribuer
les responsabilités. Quelle est la part de chacun ?**

Le tri du sac à dos

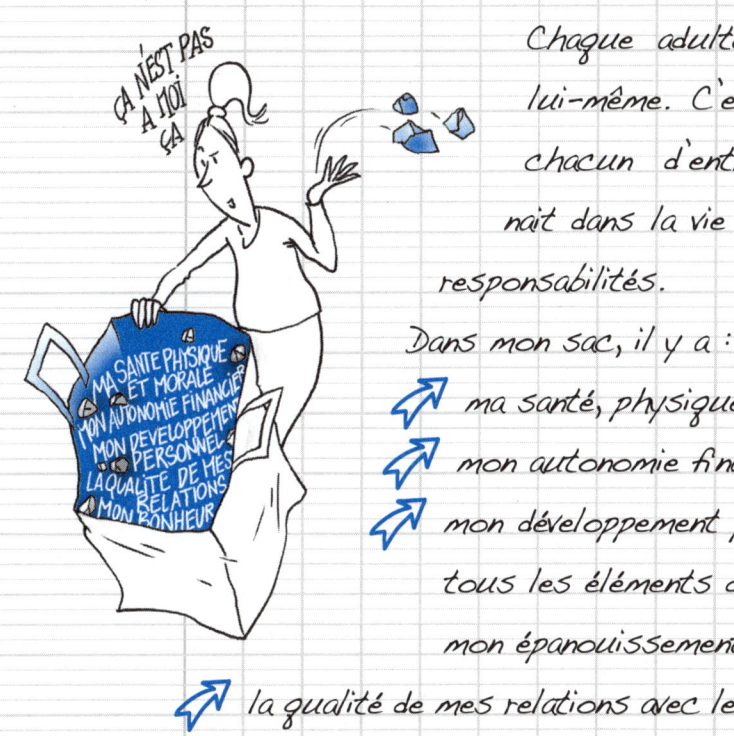

Chaque adulte est responsable de lui-même. C'est un peu comme si chacun d'entre nous se promenait dans la vie avec un sac à dos de responsabilités.

Dans mon sac, il y a :
- ma santé, physique et morale ;
- mon autonomie financière ;
- mon développement personnel, c'est-à-dire tous les éléments de ma croissance et de mon épanouissement ;
- la qualité de mes relations avec les autres : qui je choisis de fréquenter et pour quels échanges ;
- mon bonheur, composé de tout ce qui me permet d'être épanoui et entouré d'amour.

À chaque fois que je culpabilise, c'est qu'il y a dans mon sac à dos des « cailloux » qui ne m'appartiennent pas.
Deux questions à se poser pour s'en débarrasser :
- Quel est ce caillou qui génère de la culpabilité chez moi ?
- À qui est-il ?

15

Check-up de votre sac à dos :

Comment vous occupez-vous de :
— votre santé, physique et morale

....
....
....

— votre autonomie financière

....
....
....

— votre croissance et votre épanouissement

....
....
....

Vos relations avec les autres :
— Qui choisissez-vous de fréquenter ?

....
....

— Quels échanges privilégiez-vous ?

....
....

— Ce qui vous permet d'être épanoui et entouré d'amour :

....
....

Vous n'avez pas le pouvoir de rendre quelqu'un heureux !
Pour vous en convaincre, essayez de rendre heureux quelqu'un qui n'a pas envie de l'être !
Bonne nouvelle, vous n'avez pas plus le pouvoir de rendre malheureux quelqu'un qui n'a pas envie de l'être !

Les cailloux en trop :

....
....
....
....
....
....
....
....
....

À qui sont-ils ?

....
....
....
....
....

Responsables, mais pas coupables !

Tout en reprenant une partie du sens habituel du terme « jeu », le jeu psychologique n'implique pas l'idée de divertissement, ni l'idée d'un calcul conscient. Nous prenons souvent les jeux pour de simples communications ratées. En effet, le jeu est involontaire, répétitif, prévisible et pourtant surprenant.

==Il donne l'impression d'être inévitable et d'avoir été généré par l'autre.==

Un jeu repose sur un déroulement d'une série d'échanges à enjeux cachés, ce qui lui donne un aspect confus et ambigu. Pourtant, les séquences se répètent selon un modèle qui définit la relation entre les protagonistes. Les phrases échangées sont stéréotypées.

De durée et d'intensité variable, le jeu progresse vers un bénéfice négatif appelé « salaire » :
- Obtenir des sensations fortes bien que négatives, qui aident à combler le vide affectif.
- Éviter d'atteindre un niveau d'intimité et d'authenticité jugé dangereux.
- Atteindre maladroitement un objectif légitime.

↗ Alimenter les passe-temps négatifs (ruminations) qui suivront le clash.

Quelles disputes reviennent régulièrement dans ma vie sans rien résoudre :

....
....
....
....
....
....

Avec quelles personnes de mon entourage :

....
....

Jusqu'à présent les jeux se déroulaient hors de votre champ de conscience. Tout ce que vous êtes en train d'apprendre à propos de ces jeux psychologiques va vous redonner le pouvoir d'agir différemment.

19

Mieux comprendre le fonctionnement du rôle de Victime

Quelques-uns des jeux préférés de la victime :

Regarde ce que tu m'as fait faire !

Cela consiste à se justifier en rejetant la responsabilité sur les autres ou l'environnement. Il permet de n'assumer aucune responsabilité dans l'échec.

Phrases-types : « Sans toi... », « À cause de toi... », « Si... » (j'avais eu, pas eu...)

Parade : « Et quelle est ta part de responsabilité ? »

Regarde comme j'ai essayé

Il s'agit de présenter ses échecs comme inévitables et pardonnables en faisant valoir sa bonne volonté. On peut ainsi justifier sa passivité sans subir de blâme.

Phrases-types : « Je voulais..., mais je n'ai pas pu... » Exemple : « Je voulais faire la vaisselle, mais je n'ai pas trouvé l'éponge ! »

Parade : « Les gagnants réessaient jusqu'à y arriver ! »

C'est affreux

Certaines personnes passent leur temps à se plaindre de tout et de tous. C'est une façon de chercher du réconfort, d'attirer la sympathie et surtout de ne rien faire.

Phrases-types : « Je n'en peux plus », « J'en ai marre. » Tous, toujours, jamais, personne, partout, nulle part, tout et rien.
Exemple : « C'est toujours pareil, jamais il... et moi, à chaque fois je dois... »

Parade : « Et sinon, qu'est-ce qui va bien ? »

Stupide

En se présentant comme incapable de comprendre ou d'agir, la victime justifie sa passivité tout en se présentant comme étant pure et innocente.

Phrases-types : « Je ne savais pas », « Je n'ai pas compris », « Je ne sais pas comment on fait », « C'est trop compliqué », « J'ai oublié », « Je n'ai pas pensé. »

Parade : « Essaies-tu de me faire croire que tu es un débile mental ? »

Les parades que je vous propose peuvent vous paraître lapidaires et brutales. C'est normal : je synthétise en une courte phrase les attitudes à adopter. Il vous faudra effectivement apprendre à appliquer diplomatiquement ces positionnements. (Je vous donne des clés plus loin.)

Comment réagir sainement si je suis en face d'une victime ?

↗ Je reste conscient du fait que la personne n'est pas victime « ici et maintenant ». Elle rejoue les scènes apprises dans son passé douloureux.

↗ Je refuse d'entendre ses plaintes et les énumérations de ses malheurs.

↗ Je lui coupe la parole pour la centrer sur son problème présent : « Quelle est ta demande ? » « Qu'attends-tu de moi ? » (Voir plus loin « la relation d'aide saine ».)

Mon autocritique :

Dans quelles situations aurais-je moi aussi tendance à :

- me poser en victime ?
....

- me sentir impuissant ?
....

- avoir envie de me plaindre ?
....

- à accuser les autres ?
....

- à me prétendre incapable de comprendre ou d'agir ?
....

- Autres prises de conscience :
....

Pour sortir du rôle de victime

↗ Je prends conscience de ma passivité : je ne suis plus un enfant. C'est à moi d'agir.

↗ J'apprends à remplacer mes plaintes par des demandes précises.

↗ Je comprends que les solutions sont à l'intérieur de moi-même, et que la prise en charge de mes problèmes par autrui ne peut être qu'inadaptée puisque provenant de « sauveteurs ».

↗ Je me rappelle que sans victime consentante, il n'y a plus de bourreau !

Mieux comprendre le fonctionnement du rôle du bourreau

Quelques-uns des jeux préférés du bourreau :

Oui, mais...

Cela consiste à demander de l'aide, puis à écarter toutes les propositions d'un « Oui, mais... » L'objectif est la mise en échec de parents de substitution et l'autorisation de la colère : les autres sont incompétents ! On ne peut compter sur personne !

Phrases-types : « Oui, mais... », « Je ne peux pas parce que... », « Ce n'est pas possible », « On a déjà tout essayé. »

Parade : « Si le problème te paraît insoluble, c'est que tu n'as pas encore assez de recul. Prends le temps d'y réfléchir. Tu finiras par trouver ta solution. »

Battez-vous !

Il s'agit de mettre deux personnes en rivalité et à rapporter à chacun les critiques formulées par d'autres. Cela procure le plaisir du voyeur : observer sans être impliqué. Ce jeu permet aussi de « diviser pour mieux régner ».

Phrases-types : « Avec mon ex, je... », « Tu as vu le voisin, lui... », « Notre ex-prof de maths disait que... », « Tu devrais faire attention à Duval : il dit dans ton dos que... »

Parade : « À chacun sa personnalité. Si Duval a quelque chose à me dire, il le fera lui-même. »

Cette fois, je te tiens mon salaud !

Appelé aussi plus sobrement « La revanche », ce jeu consiste à relever triomphalement une erreur, un oubli ou une faute chez celui qui vous a fait un reproche. Dans la logique œil pour œil, ce jeu rassure le persécuteur : les autres ne valent pas mieux que moi !
Phrases-types : « Toi aussi, tu... », « L'autre jour, c'est toi qui... », « Ah, tu vois que toi aussi... »
Parade : « C'est vrai, j'ai fait une erreur. Ça te réjouit ? »

TOI, TU AS QUELQUE CHOSE À ME DEMANDER !

Trop poli

En étant exagérément flatteur pour pousser une personne à faire ce dont elle n'a pas envie, ce jeu permet de se sentir tout-puissant sur autrui et d'utiliser tout en les méprisant ceux qui sont sensibles à la flagornerie.
Phrases-types : « Chéri(e), est-ce que tu peux... » « Cher Duval, toi qui connais si bien le dossier Dupond... »
Parade : « Va droit au but. Que veux-tu ? »

25

Les défauts

Ce jeu, très pratiqué, consiste à dire du mal des autres. Il permet de se rassurer en masquant ses propres faiblesses.

Parade : « On a tous nos défauts. Si on parlait de ce qui va bien ? »

> Pour Daniel Tammet (autiste asperger, auteur du livre "Embrasser le ciel immense" aux éditions J'ai lu), le commérage a la fonction de l'épouillage chez les singes : celle de créer du lien social entre ceux qui critiquent. Le jeu des défauts serait donc indispensable à la cohésion d'un groupe.

La scène

Faire un drame, monter sur ses grands chevaux, hurler ou sangloter, permet d'éviter de régler le problème, d'échapper à la discussion et de fuir toute confrontation.

Phrases-types : « Puisque c'est comme ça... », « Quoi, tu oses m'accuser, moi qui... »

Parade : « Je te laisse un moment te calmer et on en reparle tranquillement. »

Ne vous laissez pas intimider par le racket émotionnel.

==Le persécuteur est un grand frustré qui cherche à évacuer ses frustrations sur plus faible que lui. Ainsi l'employé disputé par son patron crie sur sa femme qui donne une claque au gamin qui donne un coup de pied au chien...==

Comment réagir sainement si je suis en face d'un persécuteur ?

↗ Je me souviens que je ne peux être blessé que si je le veux bien.

↗ Je ne prends pas ses reproches à titre personnel : c'est sa frustration qu'il exprime.

↗ Je renonce à accuser l'autre en retour, il n'est pas prêt à l'entendre.

↗ Je pratique l'affirmation tranquille de moi, en m'en tenant aux faits et formulant des demandes précises.

Mon autocritique :

Dans quelles situations aurais-je moi aussi tendance à :

- avoir envie de critiquer ?

....

- m'autoriser à juger ?

....

- à me montrer irritable ou menaçant ?

....

- à utiliser mes émotions pour mettre l'autre en difficulté ?

....

- à ressentir de la rage ?

....

- Autres prises de conscience :

....

Pour sortir du rôle de bourreau

↗ Je cherche la source de ma frustration.

↗ Je définis mes besoins insatisfaits.

↗ Je prends soin de mes blessures et de mes besoins.

Voici une clé universelle pour développer votre esprit de tolérance :

« Je critique chez les autres les comportements que je m'interdis et que eux s'autorisent. »

Cette clé vous permettra de transformer vos interdits en choix de vie.

Méthode :

Qu'est-ce que je critique fréquemment ?

....

Quel interdit se cache derrière cette critique ?

....

Qu'ai-je envie de faire de cet interdit ?

....

Soit je me rends l'autorisation : où est-il écrit qu'il est interdit de ?

....

À partir de maintenant, je me rends l'autorisation de ....

....

Soit je transforme l'interdit en choix de vie : je peux, si je veux, et je choisis de ne pas..........................

....

Exemple : Je critique cette femme qui passe, moulée dans un caleçon imprimé panthère et perchée sur de très hauts talons : « Elle est vulgaire ! On dirait une p… ! » J'ai donc l'interdit d'être vulgaire et l'interdit d'être sexy. Où est-il écrit qu'il est interdit de s'habiller de façon vulgaire ou sexy ? Je peux être vulgaire ou sexy si je veux, et même les deux ! Mais je préfère m'habiller autrement. À l'avenir, les femmes que je croise auront le droit d'être habillées comme elles le souhaitent.

Mieux comprendre le fonctionnement du rôle du sauveteur

Quelques-uns des jeux préférés du sauveteur :

Si ce n'était pas pour vous...

Ce jeu consiste à faire sentir avec insistance que ce que l'on fait est une faveur qui mérite contrepartie. Cela permet de sentir la supériorité donnée par un geste charitable et de mettre l'autre en dette.
Phrases-types : « Avec tout ce que je fais pour toi... », « Bon, OK, je m'en occupe, mais ça ne m'arrange pas. »
Parade : « Non merci. Je vois bien que ça te coûte. Rassure-toi : j'ai un plan B. » (Ayez toujours un plan B !)

J'essayais seulement de vous aider...

Il s'agit d'apporter de l'aide à celui qui ne demande rien. Comme l'aide est inadéquate, le sauveteur récolte des reproches. Sa colère peut alors s'exprimer : les autres sont des ingrats !
Phrases-types : « Je peux vous déposer en ville, si vous voulez... » « Tiens, je t'ai trouvé une solution pour ton... »
Parade : « C'est très gentil, mais j'ai déjà mis en place ma solution. »

Tribunal

Certains s'appliquent à tenir systématiquement le rôle de l'avocat dès qu'une personne est critiquée. Ils ne supportent pas qu'une personne accepte des reproches. Ce jeu donne, à peu de frais, la satisfaction de défendre l'opprimé.

Phrases-types : « Oui, mais le pauvre, il faut le comprendre... » « T'es dur avec lui, ce n'est pas facile ce qu'il vit... »

Parade : « Es-tu en train de cautionner ses actes ? »

Attention : ce positionnement peut amener à défendre l'indéfendable !

Comment réagir sainement si je suis en face d'un sauveteur ?

↗ Je refuse le rôle de victime.

↗ Je ne me laisse pas infantiliser et je reste pleinement adulte et responsable.

↗ J'ose repousser l'aide offerte (avec beaucoup de tact car le sauveteur n'a que ses actes charitables pour nourrir son ego).

31

↗ Je le remercie chaudement pour tout ce qu'il fait, afin d'éviter qu'il développe de la rancune contre moi, et je lui jure que si j'ai besoin, je n'hésiterai pas à faire appel à lui.

==La PITIÉ (position haute)==
==est méprisante et doit être différenciée de==
==la COMPASSION (position d'égal à égal).==

Mon autocritique :

Dans quelles situations aurais-je moi aussi tendance à : materner (paterner) les autres ?

....

À me sentir plus solide, plus sage ?

....

À ressentir de la pitié ?

....

À fuir mes propres problèmes en m'occupant activement de ceux des autres ?

....

Autres prises de conscience :

....

....

Pour sortir du rôle de sauveteur

↗ Je ne crois plus qu'il existe chez les adultes des victimes sans ressource.

↗ Je comprends que j'ai été encouragé dans mon enfance à prendre soin des autres au détriment de mon propre épanouissement.

↗ Je trouve d'autres moyens d'obtenir de l'attention et des gratifications.

↗ Je deviens en priorité mon propre sauveteur. Charité bien ordonnée...

↗ Je permets aux autres de devenir autonomes.

↗ Je pratique la relation d'aide saine.

La relation d'aide saine

Une relation d'aide saine comporte cinq points clés, faciles à vérifier.

1. La demande d'aide doit être clairement verbalisée.

Rester dans la plainte en attendant que l'autre propose des solutions est infantile et manipulatoire. Ne répondez jamais à une demande non verbalisée. Faites bien la différence entre « J'ai soif ! » et « Donne-moi un verre d'eau, s'il te plaît. » Faites émerger une demande construite : « As-tu quelque chose à me demander ? Que veux-tu ? Qu'attends-tu de moi ? »

La demande d'aide doit toujours précéder l'offre !

2. L'offre d'aide doit être cadrée dans le contenu et dans le temps.

Pour éviter que la victime ne vous prenne pour un parent de substitution qui s'occupe de tout, tout le temps et pour toujours, soyez clair sur l'aide que vous apportez : « Voilà très précisément ce que je peux faire pour toi, jusqu'à... puis on fera ensemble le point sur ta situation. »

> Phrase catastrophe : « Ne t'inquiète pas, "on" va se débrouiller ! »

3. L'aide doit comporter une contrepartie.

Lorsqu'on croit aider gratuitement, on ne se rend pas compte qu'on met l'assisté en dette et qu'on l'humilie par notre supériorité. Il suffit d'imaginer la situation inversée pour le réaliser. Trouvez une juste contrepartie à votre assistance pour ménager la dignité de celui que vous aidez autant que pour ne pas lui créer de dette à votre égard.

> Pour pouvoir se « quitter », il faut être « quitte ».

4. Ne jamais faire plus de 50 % du chemin.

35

Pour éviter d'être dans une situation absurde où le sauveteur se démène pour une victime qui attend passivement qu'on la sorte de sa mouise, il est important de vérifier que l'aidé collabore activement à son propre sauvetage. Ne jamais dire : « Laisse-moi faire ! »

ALLEZ, ENCORE UN PETIT EFFORT !

La gentillesse à court terme se révèle souvent être une cruauté à long terme.

5. L'aide doit viser le retour à l'autonomie.

Visez toujours l'autonomisation de celui que vous aidez.

Proverbe chinois : « Celui qui donne du poisson à l'homme qui a faim le nourrit pour la journée. Celui qui lui apprend à pêcher le nourrit pour la vie. » Lorsque vous aidez, posez-vous systématiquement la question : « Suis-je en train de lui donner du poisson ou de lui apprendre à pêcher ? » Vous pouvez enfin ouvrir votre cœur à la générosité en toute sécurité, car vous avez maintenant les clés d'une aide efficace, certes moins nourrissante pour l'ego du sauveteur et moins délicieusement infantilisante pour l'aidé, mais bien plus gratifiante à long terme pour tout le monde !

Les générateurs d'agressivité

Certaines attitudes sont génératrices d'agressivité et de jeux psychologiques. Apprenez à les déceler et à les éviter !

1. Les généralisations

Elles se déclinent ainsi :

↗ Les exagérations permanentes :

tous, toujours, jamais, personne, nulle part, partout, etc.
Parade : « Vraiment tous ? Vraiment toujours ? Tu n'as aucun contre-exemple ? »
En utilisant un langage modéré, vous gagnez en crédibilité : « Plusieurs personnes, quelques fois... »

↗ Les amalgames :

ils consistent à mélanger les problèmes. « Oui, mais l'autre jour, toi, tu... »
Parade : « On abordera ce nouveau problème que tu soulèves, dès qu'on aura résolu celui dont nous étions en train de parler. »
Établissez un ordre du jour et restez centré sur le problème présent.

↗ **La récupération :**
l'exemple remplace et prouve la situation.
« Il ne m'a pas dit bonjour, ça prouve bien que... »
Parade : « Quelles solutions proposes-tu ? »
Recentrez le débat sur les solutions et le futur.

2. La dévalorisation

En humiliant son interlocuteur, on le déstabilise et on prend le dessus.

↗ **Les comparaisons critiques :**
« Ce n'est pas comme..., lui, au moins... » ou « Tu as vu, ma chérie, la voisine, elle, elle a fait un régime. »
Parade : « Au lieu de me comparer, si tu me disais ce que tu attends de moi ? »
La comparaison est un puissant générateur d'agressivité, parce qu'elle me prive de mon unicité et me met en position inférieure.

↗ **Les étiquettes :**

« Toi, la féministe, le macho, le bon à rien... »

Parade : « Je ne suis pas votre " poulette " (ni " bouboule "). Mon nom (prénom) est ... et je vous demande de l'utiliser normalement. »

Les surnoms se veulent affectueux, mais sont souvent infantilisants et dévalorisants. Ils vous font perdre en dignité et en crédibilité.

↗ **Le ton accusateur et le « Pourquoi » :**

L'objectif est de vous mettre en position de devoir vous justifier. Plus vous vous justifierez plus vous vous enfoncerez.

Parade : refusez de vous asseoir sur le banc des accusés. Revenez aux faits.

Qui s'excuse s'accuse. Plus je me justifie, plus je plaide coupable.

3. Le transfert de responsabilité

⤴ La culpabilité :

il y a la culpabilité ordinaire : Je me rends responsable de ce que vit l'autre ; la culpabilisation : Je rends l'autre responsable de ce que je vis. Et enfin, il y a l'habitude du sauveur d'accepter de servir d'intermédiaire entre les protagonistes : Tu devrais faire attention à X..., il trouve que... La culpabilité est le cancer de la communication pour Jacques Salomé. Parade : rendre à chacun ses responsabilités. La culpabilité est naïvement prétentieuse. Vous n'avez pas tant de pouvoir !

⤴ La lecture de pensée :

nous avons gardé de notre enfance la nostalgie d'être devinés. En retour, nous faisons des efforts permanents pour essayer de comprendre l'autre et nous nous trompons bien souvent. « Je sais d'avance ce qu'il pense, comment il va réagir, etc. », « Je sais que tu as peur, que tu es énervé, etc. », « Il sait bien que... Il devrait bien savoir que... » Il y a aussi nos interprétations : X prouve Y. « Il fait ça pour m'exaspérer. »

Accord toltèque n° 3 : Ne faites pas de présupposition !
Parade : au lieu de deviner, pensez à demander et dites clairement ce que vous pensez.
Ne dites plus : « J'aimerais tellement qu'il comprenne que… »,
dites : « J'aimerais tellement que tu comprennes que… »

4. POUR EN SORTIR

Voici les principales attitudes, anti-agressivité, donc antijeu :

↗ *Réglez les malentendus dans les 6 heures,* directement avec la personne concernée.

↗ *Tenez-vous-en aux faits* : qui, quoi, où, quand, comment, combien ?

↗ *Prenez soin de vous et de vos besoins.* N'imposez pas votre irritabilité et vos frustrations à vos interlocuteurs.

↗ *N'oubliez jamais que :*
TOUTE DEMANDE NON EXPRIMÉE N'A PAS À ÊTRE SATISFAITE.

Si je n'ai pas clairement demandé ce que je veux, je ne peux pas en vouloir à l'autre de ne pas avoir compris.
S'il n'a rien demandé, je n'ai pas à le deviner.

Autopsie d'un jeu

Pour bien comprendre les règles du jeu, il faut prendre le temps de les disséquer.

Un jeu psychologique a un déroulement immuable :

↗ Il est amorcé par le joueur n° 1 qui lance un appât.

↗ Cet appât vient se ficher dans un des points faibles du joueur n° 2.

↗ Le joueur n° 2 réagit en donnant une réponse automatique.

↗ Cette réponse automatique établit la distribution des rôles.

↗ Le jeu va ensuite avancer à grands coups de transactions piégées, c'est-à-dire de communications ayant un niveau apparent et des enjeux cachés.

↗ Au bout d'un nombre variable de transactions piégées, l'un des joueurs va provoquer un coup de théâtre.

↗ Ce coup de théâtre provoque un sentiment de stupeur au cours duquel s'effectue l'échange de rôle.

↗ L'autre joueur ressent de la confusion et de la honte.
↗ Le bénéfice négatif du jeu est une rumination négative.
Pour son aimable participation au jeu, chaque participant reçoit un chewing-gum de négativité à mâcher longuement dans son coin.

Résumé des règles :

Appât => Point faible => Réponse automatique => Distribution des rôles => Transactions piégées => Coup de théâtre => Échange des rôles => Confusion => Bénéfice négatif

==Un jeu peut être déjoué ou désamorcé à chacune de ses étapes.==

Il suffit de le repérer en cours de déroulement.

L'appât

L'appât est un mot, une phrase ou une attitude qui sert à déclencher la réponse automatique en touchant le point faible de son interlocuteur. On l'appelle aussi « l'attrape-nigaud » : à bon entendeur !

Exemples d'appâts :

Non verbaux : soupirer en levant les yeux au ciel, prendre un air accablé, faire la tête en refusant de dire ce qui ne va pas.

43

Verbaux : « Dis donc tu n'as pas un peu grossi ? » « T'es bien comme ta mère (ton père) ! »

Et toutes les amorces de jeux vues plus haut : « Oui, mais... », « J'ai oublié... », etc.

> À ce niveau du jeu, vous pouvez :
>
> ↗ Ne pas réagir à la provocation. Vous n'avez rien vu ou rien entendu. Vous pouvez aussi donner une réponse neutre : « Peut-être... », « C'est Possible... »
>
> ↗ Exagérer avec humour : « Et en plus, ça va s'aggraver avec l'âge ! »
>
> ↗ Demander calmement un complément d'information : « Que veux-tu dire par là ? »
>
> ↗ Confronter posément la personne à son comportement : « Pourquoi me parles-tu de mon poids (de ma mère) ? »

C'est au niveau de l'appât que le jeu peut être le plus facilement désamorcé. Cependant, nous avons tous des points faibles et les bons joueurs de triangle les connaissent et savent comment les harponner. Dans ce cas, l'appât fonctionnera malgré nous.

Voici tous les appâts que je peux maintenant repérer dans mes interactions :

....

....

....

Le point faible

Nous avons tous des points faibles. **Nos fragilités sont profondément humaines, personne n'a le droit de les exploiter.** Nos points faibles sont les points sensibles qui nous rendent fragiles et susceptibles. Cela peut être une faiblesse physique ou psychologique que l'on cherche à cacher, une peur ou une valeur que l'on ne supporte pas de voir bafouée par l'attitude de l'autre.

Pour identifier vos points faibles, vous pouvez vous poser les questions suivantes :

↗ Qu'est-ce que je déteste le plus dans la vie ?

....

↗ Qu'est ce qui est sacré pour moi ?

....

↗ Quel genre de phrases ou d'attitudes me fait bondir ?

....

↗ De quoi ai-je honte ? Quels sont mes complexes ?

....

↗ De quoi ai-je peur ?

....

↗ Ai-je des peurs irrationnelles telles que la peur du conflit, de l'abandon ou du jugement ?

....

À ce niveau du jeu, vous devez :
↗ prendre conscience de vos points faibles ;
↗ les soigner ou les accepter ;
↗ mettre en place vos protections ;
↗ signaler à l'autre qu'il vous blesse (il ne pourra plus dire qu'il ne savait pas).

Voici tous les points faibles que je peux maintenant repérer chez moi :

....
....
....

Voici comment je vais les soigner et les protéger :

....
....

La réponse automatique

Lorsqu'une personne est piquée dans un de ses points faibles par un appât, elle répond instantanément, de façon automatique, sans réfléchir et avec une émotivité proportionnelle à la sensibilité de ce point faible. Elle rougit, bafouille, se justifie ou s'énerve.

Attention : si votre lanceur d'appât sollicite votre sens de l'injustice ou votre pitié, vous risquez de proposer spontanément votre aide ou de prendre des engagements irréfléchis.

À ce niveau du jeu, vous pouvez :

Même si vous n'avez pas su éviter l'appât, même s'il est venu se planter dans un de vos points faibles, il vous est encore possible d'arrêter le jeu en ne réagissant pas de façon automatisée. Il suffit pour cela d'apprendre à multiplier vos choix de réponse. Renoncez à votre spontanéité et réfléchissez à de nouvelles façons de répondre. Vous allez ainsi décupler votre sens de la repartie.

Même des réactions farfelues sont adéquates, puisqu'il s'agit simplement de casser des automatismes. Vous pouvez même tout simplement fredonner une ritournelle !

Si je me sens harponné dans un point faible, voici au moins trois nouvelles réponses différentes que je peux maintenant activer :

....

....

....

La distribution des rôles

La distribution des rôles découle directement de votre réponse automatique. Sans réponse automatique, plus de victime, de bourreau ou de sauveur !

Plus vous restez adulte, posé et affirmé, plus vous montrez à votre interlocuteur que vous êtes déterminé à le traiter également en personne adulte et responsable, moins il y aura d'espace pour entrer dans le triangle de l'immaturité et de la déresponsabilisation.

"SOYONS SERIEUX !"

> À ce niveau du jeu, vous pouvez :
> Relire plus haut comment sortir des rôles de victime, de bourreau et de sauveur et comment vous comporter en face de ces personnages.

Voici les affirmations tranquilles que je peux maintenant opposer aux tentatives de transfert de responsabilité :

....

....

....

Les transactions piégées

Si vous avez mordu à l'appât et que votre point faible a été touché, si vous avez donné une réponse automatique et que vous vous êtes installé dans le triangle, vous le savez, vous le sentez : les répliques que vous êtes en train d'échanger sont stéréotypées, standard et prévisibles. Bref, elles sonnent faux. Et pour cause, il s'agit de transactions piégées, c'est-à-dire de transactions qui comportent un niveau social apparent : c'est ce sur quoi semble porter la discussion et un enjeu caché qui apparaît parfois au coup de théâtre.

Par exemple, un couple semble se disputer à propos des prochaines vacances, mais l'enjeu caché est le besoin de l'un de rabaisser l'autre et/ou le besoin de l'autre d'obtenir de l'attention.

À ce niveau du jeu, vous pouvez faire émerger les enjeux cachés :

↗ Pourquoi me parles-tu de cela maintenant ?

....

↗ Où veux-tu en venir ?

....

↗ Tu me parles de ...., mais j'ai l'impression que le véritable problème est ....

↗ Quelles solutions proposes-tu ?

....

↗ Quelles concessions es-tu prêt à faire pour que nous trouvions un accord satisfaisant ?

....

↗ Nommez éventuellement les intentions positives maladroites de votre interlocuteur.

....

J'appelle cela la thérapie des pieds dans le plat :

lorsque les enjeux ne sont plus cachés, le jeu ne peut plus fonctionner.

Voici les enjeux cachés que j'ai repérés :

....
....
....
....
....
....
....

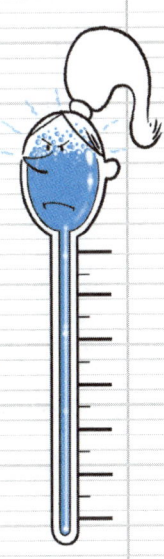

Le coup de théâtre

Après un moment plus ou moins long d'échanges verbaux piégés, le coup de théâtre consiste à renverser brusquement les rôles dans le triangle dramatique. Cette permutation des rôles apporte une gêne ou une stupeur chez les partenaires. Après un moment de confusion, apparaît le bénéfice négatif : chacun sent monter en lui un sentiment désagréable (colère, tristesse, culpabilité, découragement, triomphalisme ou rancoeur) qui persistera plus ou moins longtemps, mais qui laissera des traces douloureuses dans la relation.

Au moment du coup de théâtre, il est trop tard pour interrompre le jeu : il s'est déroulé en entier. Vous ne pouvez plus éviter la période de rumination négative qui suit le clash. Mais vous pouvez encore ruminer utile.

À ce niveau du jeu, faites de l'apprentissage rétroactif.

Repassez-vous le film depuis le début :

↗ Quand et comment le jeu a-t-il démarré ?

....

....

↗ Quel était l'appât ? Comment une prochaine fois l'éviter, le désamorcer ou le relever avec humour ?

....

....

↗ Qui l'a lancé ? Est-ce vraiment l'autre qui a commencé ?

....

....

↗ Quel était le point faible visé ? Comment soigner et protéger ce point faible ?

....

....

↗ Quelle a été la réponse automatique ? Quels nouveaux choix de réponses puis-je m'offrir ?

....

....

➚ Quel rôle (S.V.P.) a pris chacun de nous ? Comment ne plus me glisser dans ce rôle ?

....

....

➚ Quels étaient les enjeux cachés ? Quel message essayait-on de se transmettre ? Quel message voulais-je faire passer ?

....

....

➚ Qu'est-ce qui a constitué le coup de théâtre ? En quoi cela confirme-t-il mon intuition sur les enjeux cachés ?

....

....

➚ Quelles intentions positives avait mon interlocuteur ?

....

....

➚ Comment aurais-je pu y répondre ?

....

....

➚ De quelle façon pourrais-je réagir autrement une prochaine fois ?

....

....

Prenez l'habitude de pratiquer l'apprentissage rétroactif après chaque échange frustrant.

==Ainsi, les jeux psychologiques deviendront des opportunités précieuses d'apprendre.==

Vous pourrez découvrir et soigner vos points faibles. En trouvant de nouvelles façons de réagir, vous enrichirez votre palette de réponses et développerez votre sens de la repartie. Cette conscience que vous mettrez dans la communication vous fera énormément progresser dans vos aptitudes relationnelles.

Stratégie pour sortir des jeux

Les stratégies pour sortir des jeux psychologiques consistent donc à :

Repérer ses propres jeux et ceux des autres en écoutant et observant le déroulement et le contenu de ses échanges habituels.

Prévoir ses réactions et celles de l'entourage.

Stopper le jeu en faisant marche arrière dès qu'on réalise qu'on a donné une réponse automatique. « Excusez-moi, je me suis mal exprimé. Je reprends... »

Diminuer la fréquence des accrochages maladroits, **tout en restant réaliste** : la communication est une chose complexe dont il est impossible de contrôler tous les paramètres.

Remplacer la quête secrète de stimulations négatives par de nouveaux moyens positifs de satisfaire son besoin de reconnaissance.

55

Aborder ses relations en position de vie OK+ / OK+ (je suis quelqu'un de bien et de capable, l'autre est aussi quelqu'un de bien et de capable), dans un esprit de collaboration d'égal à égal.

Et surtout fuir les joueurs professionnels !

Une intensité de jeu croissante

Nous sommes tous des joueurs de triangle. Nous l'avons vu tout au long de ces pages : nos fragilités, nos immaturités, nos frustrations peuvent à tout moment prendre le dessus et nous amener à nous comporter comme des victimes, des bourreaux ou des sauveteurs. Mais certains d'entre nous sont des joueurs plus assidus que les autres, cherchent des stimulations plus fortes, plus fréquentes, plus intenses aussi. C'est pourquoi Éric Berne a défini trois niveaux de jeu.

Un niveau superficiel

Il s'agit de simples échanges ratés, ponctuels entre des gens qui ne se connaissaient pas ou des gens qui se connaissent peu et se fréquentent peu. Un commerçant ou un client

désagréable... Un passant perdu jouant à être stupide quand on lui explique le chemin pour prolonger l'échange... un joueur utilisant le rôle de victime pour justifier de resquiller dans une file d'attente... Un automobiliste frustré...
À ce niveau, il n'y a pas de grosse dépense d'énergie, si nous savons rapidement prendre du recul et relativiser l'incident.

Un niveau plus intense

On retrouve à ce niveau toutes les disputes conjugales et familiales, l'ambiance d'un service dans une entreprise. C'est à ce niveau que les échanges pourraient être enregistrés et que le dictaphone pourrait terminer la dispute à notre place. À ce niveau, nous pouvons déjà être addicts aux stimulations que nous procurent ces jeux, ou déjà bien minés par eux.

Les jeux de bas-fonds

Éric Berne parle de jeux de bas-fonds dès que les jeux impliquent : hôpital, tribunal, prison ou morgue. Ces jeux-là deviennent vraiment dangereux.
Soyez bien conscient du fait que dès que vous vous placez hors la loi (en ne signant pas de contrat, en n'établissant pas de facture ou en alimentant le marché du travail dissimulé), vous vous approchez des bas-fonds.

De même, le non-respect de règles de sécurité, la mise en danger, les atteintes à l'intégrité de quelqu'un mènent aussi tout droit aux jeux de bas-fonds.
Toute personne qui paie sa femme de ménage au noir ou qui téléphone au volant est déjà un joueur de bas-fonds.

Comme s'il nous fallait une dose plus intense à chaque fois, **les jeux de triangle ont tendance à s'aggraver avec le temps.** Maintenant, dans les cités, les jeunes caillassent le Samu quand il vient secourir un blessé...

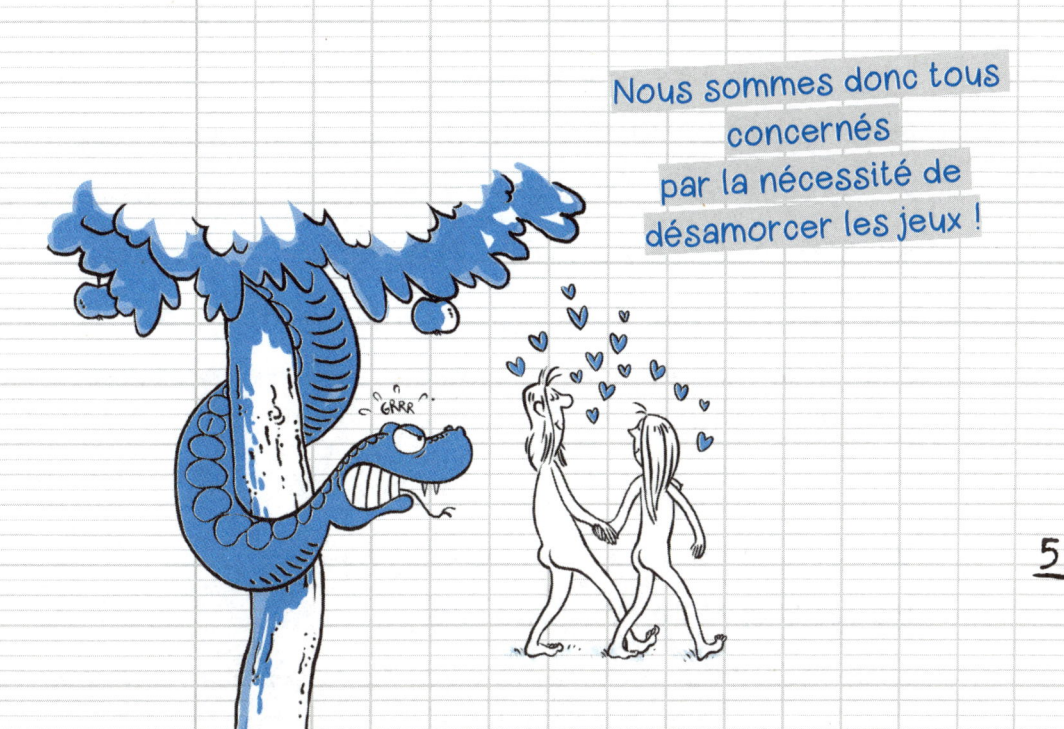

Nous sommes donc tous concernés
par la nécessité de désamorcer les jeux !

59

Les joueurs professionnels

Enfin, il existe une population de joueurs de triangle qui sont des joueurs professionnels. Il s'agit des **MANIPULATEURS** (et des manipulatrices, aussi nombreuses !) À côté d'eux, vous êtes un amateur ! Ils ont une maîtrise absolue des trois rôles et vous baladent à leur gré dans le triangle, sans que vous ne puissiez rien maîtriser.

==Ce sont des persécuteurs haut de gamme==

Les manipulateurs sont des frustrés maladifs : leur insatisfaction est constante, intense et incurable. Tout ce qui ressemble à de l'amour, de la joie ou de la gentillesse les met en rage. Ils exportent leur haine à grande échelle et saccagent tous les bons moments. Nous leur devons tous les climats de harcèlement, si destructeurs. Ils pratiquent, de façon plus ou moins apparente, la violence verbale, psychologique et bien souvent aussi les violences physiques et sexuelles.

Un sauveteur qui vous noie et une dette virtuelle

Les manipulateurs, experts dans l'art d'inverser les données, vous feront croire qu'ils donnent pendant qu'ils vous dépouillent, qu'ils vous sauvent quand ils vous coulent, que vous ne seriez rien sans eux et même que c'est un privilège immense que de s'occuper d'eux !

Une coquille de Calimero en acier trempé

Aussi agiles que des chats pour retomber sur leurs pattes, les manipulateurs récupéreront en toutes circonstances la place de la victime. Même s'ils ont trucidé toute leur famille, c'est parce qu'ils souffraient trop !

Face à ces joueurs professionnels, un seul salut : LA FUITE ! Sous peine de réellement devenir leur victime !

À propos de l'auteur

Christel Petitcollin est Conseil et formatrice en communication et développement personnel. Formée à la PNL, à l'Analyse transactionnelle et à l'hypnose éricksonnienne, elle consulte à son cabinet de Montpellier, mais aussi par téléphone et par skype sur le monde entier. Christel Petitcollin anime également des conférences et des stages de communication. Auteur de nombreux ouvrages, elle intervient régulièrement dans les médias et son travail a pris une ampleur internationale.

N'hésitez pas à consulter son site :
www.christelpetitcollin.com

Du même auteur aux éditions Jouvence :

Petit cahier d'exercices
pour mieux s'organiser
et vivre sans stress
64 pages • 6,90 euros

Victime, bourreau ou sauveur :
comment sortir du piège ?
160 pages • 8,70 euros

Achevé d'imprimer en décembre 2018
sur les presses de la Nouvelle Imprimerie Laballery
58500 Clamecy
Dépôt légal : novembre 2014
Numéro d'impression : 812037

Imprimé en France

La Nouvelle Imprimerie Laballery est titulaire de la marque Imprim'Vert®